AINDA ANCORA O INFINITO

Ainda ancora o infinito

Roberta Tostes Daniel

MOINHOS

Edição: Camila Araujo & Nathan Matos
Revisão: Ana Kércia Falconeri
Diagramação e projeto gráfico: LiteraturaBr Editorial
Imagem da capa: Snow Storm: Steam-Boat off a Harbour's Mouth
Capa: Sérgio Ricardo

Nesta edição, respeitou-se o novo acordo ortográfico da língua portuguesa.

Dados Internacionais de Catalogação
na Publicação (CIP) de acordo com ISBD

T716a
Tostes, Roberta
Ainda ancora o infinito / Roberta Tostes Daniel.
Belo Horizonte, MG : Moinhos, 2019.
112 p. ; 14cm x 21cm.
ISBN: 978-85-45557-75-3
1. Literatura brasileira. 2. Poesia. I. Título.

2019-161

CDD 869.1
CDU 821.134.3(81)-1

Elaborado por Vagner Rodolfo da Silva – CRB-8/9410

Índice para catálogo sistemático:
1. Literatura brasileira : Poesia 869.1
2. Literatura brasileira : Poesia 821.134.3(81)-1

editoramoinhos.com.br
contato@editoramoinhos.com.br

Sumário

Ainda	15
Se eu disser	17
Arestas	18
Amor	20
Falar pela boca do poema	21
A boca é uma novena de silêncios	22
Onde a vegetação se rasga	24
Os tímidos, as rosas	25
(No precipício era o verbo)	26
Sim, a música.	27
O silêncio que devora a noite	28
O coração, mesmerizado de amores,	29
Num quarto vazio,	30
Aelo	31
Doçura tanta: morre	34
Marítimos	35
Formas do mar	36
Dezembro	37
Anacrônicas	38
Transporte	39
Sabiam morrer juntos,	40
Eclesiastes 3:20	41
Palavras violadas	42
Nem anjos, nem homens	43
Magia	44
Exercícios de *fé* | Dominical	45
Vocação	46
Jó foi feliz de estar sozinho	47
Chegada	48
A volta de meus braços não me alcança	49
Buscamos na vida	50
Itinerário poético	51
Como nascem os segredos	52
Resgate	53
Fibrilação	54

Isto que me mata 55
A morte do pássaro profeta 56
Um destinatário que fosse 57
Os que têm fome e sede 58
Poesia feita escápula 59
Singradouro 60
Jornada do herói 61
Meta-abismo 62
Para nunca esquecer 63
Uma vida inteira 64
Deeper 65
Já se articula um concerto 66
Encontro a nudez 67
Do tempo, espero 68
Teu peito se curva 70
Fim de mundo 71
O tempo vive 72
Água dura 73
Fugaz 74
Quando nas praias 75
Todas as casas me violaram. 76
Sombra 77
Refração 78
Tripartite 79
Há uma nova contagem do tempo 81
Passagem 82
Convite 83
Enquanto canta Joanna Newsom 84
Área de mapeamento 85
Terra lupanária 86
Vago dia 87
Súmula 88
Ver 89
Atrás do olhos 90
Cicios 91
Teu rosto, esta aparição 92
Vigésimo andar 93
Proporção 94
Outro entardecer 95
Lágrima de Ísis 96

Sob o signo da estrela 97
Estrangeiro 98
Crescimento 99
Fôlego 100
Nudez 101
Rabisco 102
Salvação 103
Cesura 104
Falar um sem número de vezes as mesmas coisas 105
Paisagem de Henri Michaux 106
Sevícia 107
Nem toda resistência é heroica. 108
A tarde morta, o frio. 109
Canto para Artaud 110
Eu não tenho a visão
da Baía de Guanabara à minha janela 111

Âncora e Infinito são imagens que à primeira vista podem parecer paradoxais, o infinito como energia temporal nada tem de fixo, talvez seja uma metamorfose do tempo derivada de movimentos infinitesimais das coisas. O título deste livro ganha os contornos de um enigma e também da evocação de um afeto positivo em relação ao silêncio, certamente é no silêncio ou em seu mar que ancora o infinito. Podemos nos perguntar sempre sobre o pensamento de um poema e não sobre o pensamento por trás de um poema, por trás de um poema estão apenas as coisas e as paisagens, é como se o poema fosse um mecanismo interno da linguagem mais poderoso do que a memória e esticasse suas teias de silêncio em volta da realidade para que ela se convertesse na crisálida de outra realidade mais real. '*Arrancar palavras indizíveis*'

essa frase do poema 'Arestas' parece afirmar algo sobre o centro dessa poética. **Arrancar palavras do indizível** que é aqui a matéria do silêncio.

'*É, não ainda, o uivo*
mas o toar do vento,
que emudece o bicho,
e faz o amor do homem.'

Nestes versos do poema 'Falar pela boca do poema' algo começa a se decifrar desse enigma sem esfinge, os bichos são emudecidos pela força do acontecer do mundo e esta mesma força nos conduz aos caminhos da linguagem que tecem 'um estado amoroso', seria este estado um vórtice do poema do silêncio no mundo? E a esfera do desejo aqui se anuncia como a boca do poema e não a do poeta, não como uma cisão mas como uma decisão. A poética de Roberta Tostes Daniel opta pelo silêncio como porto, como topologia de onde o poema pode falar 'por sua própria boca'.

O poema seguinte, como que explica esta opção da poeta:

'A boca é uma novena de silêncios;
escala para a morte;
oratório de pássaros
migrantes, que cantam todas as tardes.'

Seria esta boca do poema, esta paisagem orgânica que exige uma escuta radical 'de mudez de bicho', uma novena de silêncios, um oratório de pássaros, aqui temos uma evocação sutil da dimensão epifânica-panteísta. É fácil perceber a tessitura narrativa complementar e sequencial dos poemas do livro, evocando um enorme campo dialógico. Há um poema que materializa este campo de um modo mais nítido do que os outros e o reproduzo aqui:

'A morte do pássaro profeta
(extraído de Salvación, Pizarnik: "la muerte del pájaro profeta")

Paz – um pássaro invernal
que sobrevoa os infernos.
Existes
como o sol de minha queda.
De ouvir falar
tua sombra já me alegrava
quando esperava, pai.'

A sutileza de uma conversão do monólogo em diálogo,

tendo como ponto nomádico, não apenas Alejandra Pizarnik e seu poema devidamente nominados como endereços, mas também um núcleo de comunicabilidades indizíveis, que como em Hilda Hilst convergem para este ponto genesíaco do mundo, o pai, estamos longe da dimensão psicanalítica, desta dimensão que cresce cada vez mais em nosso tempo e parece engolir todas as comunicabilidades e atravessamentos. De um modo necessário e ao mesmo tempo magnetizante, os poemas de Roberta fogem e o que temos aqui denominado como 'pai ' é irreversivelmente: o mundo e 'mãe' é a incancelável e incontornável natureza, fonte de densas e fortes poéticas, como a que atravessa este livro.

Marcelo Ariel

Dedico estas palavras à impossibilidade de achar uma palavra
igual ao silêncio dentro de mim.
Paul Auster

Quando encontro
neste meu silêncio
uma palavra
ela está cavada em minha vida
como um abismo
Giuseppe Ungaretti

Ainda

No silêncio: compasso de solidão.
Depois que a música (me) acaba,
fazer o sem-lugar onde desvio
linguagem e desejo.
Fremir de ondas
entre mim e canção,
escrever as pausas de outra:
mais sutil, de sombra.
O que eu não toco: pertença minha
(toda escuta, posse).
Onde não sou e não tenho;
até que ouço, simplesmente.
Presa por vontade
de escutar o que é livre:
o inalcançável movimento
do mar –
o chamado:
palavras instigando ondas.
Ouvir o tempo insondável
no mesmo silêncio de corredores e sótãos.
Menina, lia. Escutava Quintana
onde todas as canções comandam a nau
apinhada de meninos mortos.
Terrível-suave.
E virgem. O silêncio virgem.
Ocupá-lo com desejo e memória,
violentá-lo. Se tento calar,
bebo o tempo: nau frágil.
Um ponto afogado e luminoso da escada,
perto do peito: o porão do prédio.
Sou eu, um barco ainda ouvindo em segredo.
Degredada em sombra.

Um buraco de luz; deixada pela canção
e pelas brechas nos tijolos.
Abri a porta para o vazio.
Veio a rebentação. Nem perto o mar.
Os vizinhos não sabem; suas casas quando acendem;
luzes me arrebentam faróis no peito.
As cortinas me abrem. Não saí do quarto.
Tudo veio à voz, depois da voz, minha voz sibilante.
O corredor ainda grande.
Meu sem-lugar: linha do tempo.
Tento uma ausência. Tudo lembrando.
Imagens correm, três delas, ardendo.
O novo. Arrebenta o novo. Oscilações de novo.
Até mesmo no fogo. Tudo são águas.
É um estar-se preso, realmente
(como no amor).
Quem ouve o silêncio, sem fim,
devorando quem canta,
move o sagrado, morre em mim.
Não só leveza. Todo instante é um corte,
toda delicadeza funda o sal na voz
e um corte sempre fala ao dentro.
Arde o vigoroso.
A carne não é rente;
requentada no sangue, vem antes
(na alma do que não fomos).
Nos afogamos.
A palavra, aprende:
vai fracassar.
Como a música, seu fim.
Um tempo de mortes, no sempre.
Mas não enquanto:
o canto.

Se eu disser

E se eu disser praia,
Belo Horizonte me atravessa.
Mar ou montanha?

Rio,
paisagem que abraça
os lados.

Montanha:
a leste,
o mar.

Descaminhos
possíveis.

Destino nas veias,
viadutos de São Paulo
que ainda hei de habitar.

Arfante,
sudoendo.

Gravada entre azul,
verde, cinza.
Dúbia, finita.

Plano aberto.

Arestas

Arrancar palavras indizíveis:
os segredos têm arestas.
Fluido como o tempo,
o sangue nas mãos.

Tenta correr com a pedra,
segurar infância.
Marcada, pisar
– a pedra cheia de musgo.

Atirá-la aos peixes, predadores.
Amar, amar a pedra.
Testemunhar estigmas.

O predador,
vulnerável e louco,
duas vezes pai,
sangra.

A órfã
em sua busca
de um pai já vasto e morto,
como um impensado horizonte,
lança

(a pedra).

Duro toque
no corpo de uma criança
– invólucro

dos sonhos
morrer.

Então,
dormir.
Talvez,
nascer.

Já velha.
Repisar areias.
Marchar sobre conchas.
Estrangular pérolas.

Reescrever praias vermelhas
que a maresia leva.
Ou lava no fim do dia.

Amor

“minha arma favorita”
Maiakovski

Eram ossos tocando palavras
na carne, talvez as mãos
fraturadas do amor.

Rondas de esqueletos
executando artérias
na enlouquecida anatomia.

Coração de múmias
russas desnudando-se
entre as vértebras de um poema.

Falar pela boca do poema

É, não ainda, o uivo,
mas o toar do vento,
que emudece o bicho,
e faz o amor do homem.

Até que por onde rasgue
a garganta pelo corpo do pássaro
com seus lábios de asa, beijá-lo.

Pela boca do poema,
onde boca já não há,
e todos os lábios
murmurem de ti
o que a brisa soa –

quase voz.

A boca é uma novena de silêncios

A boca é uma novena de silêncios;
escala para a morte;
oratório de pássaros
migrantes, que cantam todas as tardes.

A boca resguarda a beleza do mundo
do próprio mundo e o excomunga,
atira à lama, intacto ou devastado
minério, mar, argila, hóstia.

A boca, salina bêbada, evapora na chuva.
Residual como sonho, também é o sal
na invisível condensação. Esculpe
a fila de espumas: mãos sobre o corpo,

a boca sobre tudo – desenha, ubíqua,
o desejo – é uma pedra que enuncia
o vento. É o vento deflagrando
movimento nas águas.

A boca sequer sabe que é boca,
que é carne, que é sonho. De morte.
Que arpeja pássaros na tarde
ou que renega ou que protege.

A boca abre o impossível dentro, verbo
impalpável de todas as formas. No entanto,
tudo suga, tudo deseja, tudo sabe
pela promessa do gosto.

A boca goza descomedidamente.
Suave, inexata; saliva fluente. Bruta
ou andrógina. Boca, simplesmente.
Adere trágica. Hermafrodita fruta.

A boca lambe fálica: vulva do mundo,
vultos na carne. Discursam
todas as bocas, nenhuma boca.
Incognoscível, resiliente.

A boca metamórfica, metafísica.
É uma criança sem crenças.
Por tudo, abduzida. Paisagem fanática;
abjura, beija trêmula

a boca-seio, boca-sêmen.
Boca-a-boca pequena,
mastiga imensa, cariada
paixão de jatos. Despeja, mas

a boca salva. Não se sabe o que,
não se sabe quem. Onde a boca,
quando é um rumor habitado
por nada, canta e silencia.

A boca, a boca.

Onde a vegetação se rasga

Onde a vegetação se rasga
para o sol, o sangue
o rastro da fuga

verde,
vermelha
selva – me suga

como a mais pura seiva:
mãos na palavra
nua.

Os tímidos, as rosas

Os tímidos
não esmorecem
as rosas.

Singram para o olfato,
não sabem onde
ancorar as mãos.

Navegam
o desejo do toque
e transbordam.

Perfumes carregam
no ar
o desejo da cor.

(No precipício era o verbo)

No fundo de tudo,
essa vontade de morrer nas coisas;
essa urgência de afogada;
viver nelas:

palavras, pessoas, coisas.

Melhor ouvir
o que a boca não consegue dizer
melhor, abismada,
viver em voz alta;

– cantar, à boca,
o silêncio de um uivo.

Longos os espaços
entre os acontecimentos,
a batalha alpinista
do entendimento.

Dizer:

- os braços
nos ensinam
a morrer

contando
as feridas.

Sim, a música. Como tudo, também tem som de chuva hoje. Janelas molhadas. A tarde que segue suave, mas maciça como uma nuvem escura. E nesse breu que não é a noite, deposito meus olhos. De ouvir tanto. Forma-se a imagem, música incidental. Memória que ainda. Não vivi.

O SILÊNCIO QUE DEVORA A NOITE
é o mesmo que me come o coração,
sem preliminares.

Feito de estocadas,
golpes,
galopes surdos.

O silêncio
é um homem bruto
cuja fome esqueceu de gemer.

Vara pelas horas,
equídeo e solitário,
desmembrando-me.

Arranca, a pancadas,
um uivo negro, abortado
de caminhos que ele mutilou.

O CORAÇÃO, MESMERIZADO DE AMORES,
repete nomes e declara o tédio,
ao fim de sem batimentos por segundo.

À mesma hora, diante da cova,
o corpo do amante
só pesa; tendo alcançado a morte

em mim, legiões de feridos dessalgam
o que foi o gosto de todos.

– Quando afundo em tua cama,
ainda ancora o infinito.

Num quarto vazio,
Ariadne ainda tece os fios
que me mumificam.

O labirinto é feito de esperas
invisíveis, por onde retorno
intrincadas memórias.

Só ali eu soube
de sua desistência –
Teseu jamais partira.

Aelo

I.

Voa sobre a terra firme
para inspirar
a imobilidade.

Dança a pura transgressão:
um pássaro do espanto.

Venera a paisagem afogada
de onde foge para a

liberdade.

Amanhã, talvez
a sombria
indecisão do voo
o pouco alimento

– restará a fome.

Mas, hoje, o sol
pesa como um corpo
deita seu calor
sobre o ouro.

II.

Outro, que voa: o amor,
(imaterial) peso do mundo.

Hoje, sobre mim, amor,
o peso da matéria
do mundo.

(suspensa e atônita)

A humanidade de um anjo,
a angeologia de um homem.

Síntese impossível:
homemulheranjo
e o pássaro do assombro.

III.

Vigoroso pacto
de mãos que tecem
em asas

curvas
e fêmures da palavra.

O bico
do seio.

O osso
fratura o silêncio
com a música

de ave do espanto.

IV.

Canta com a rouquidão da voz
inventada nas cordas de um grito:

a harpia

leva o desejo de som
enquanto o gozo da semente

sobrevoa in
certezas

– o aelo da perplexidade
é um desejo aéreo de brotar

da terra.

Valsa sobre a esperança.

"eu poderia dizer pela última vez (...)
que eu era um homem e não estava apaixonado (...) mas preferi
me calar"
João Gilberto Noll

Doçura tanta: morre
e oferenda o corpo.

Que ternuras hediondas
logram o fim
revolvendo águas da infância?

Águas passadas não movem moinho,
mas movem o morto.

Ele sorri pro tsunami
ao reconhecê-lo.
Não delira.

Sonha um mesmo sonho:
maremoto,
há décadas.

Contorna tudo, como a onda.
O olhar deformado da criança
no corpo do homem:
fértil descampado,
a solidão escalavra o corpo.

Dos sóis, sabe
a luz que acendeu
pra não dormir no escuro.

Não morreu de medo
nem de amor.

Marítimos

I

Porque és um corpo
e me afogas.
Todo um oceano
arrastas:
redes, vertigens,
peixes, voragens.
Porque o teu anzol
lanceia minha fome;
tua isca,
meu beijo rasga.

II

Estiolam meus cabelos
que não ventam;
nos teus olhos,
arremessam águas.
Furam meus cardumes de pedra.

III

Teu corpo obcecado
vence a matéria de rochedos.
Deito na pedra;
quebras com sangue
por imaginá-la.
Acaso meu corpo,
essa espécie de água
viva em que ardes
o flagelo das algas.

Formas do mar

I

Lamber de lágrimas
para lembrar quem é –

um rosto que recomeça
a nadar

gostando a boca.

II

Deixa entornar, a água
não padece de membrana –
como explicar que somos dentro?
Com a mesma fluidez
e com mais visgo.

III

Tornar-se vento, depois de ser
do que te leva embora.
Recuperar a potência de lugar
e de partida. Depois, espuma.

Dezembro

Dezembro virá,
velando palavras
colhidas
há três décadas.

Pensarei em morte,
delito, agonias.
Árduo nascer;
vou conceber torturas.

O dia não veio,
as notícias são velhas.
Só a angústia
metralhou a tarde.

E esse frio na cidade,
homenagem aos poucos
que lambem vento,
se arrepiam.

Dezembro virá
e espumas na boca.
Brindarei com a raiva
solar de loucos.

Mas teu rosto cobrirei
com a ternura
afogada dos meses,
no decurso do espelho.

Mãos de abjurar os gestos,
apóstatas sobre os calos do presente.
Tateantes de repetir caminhos,
redundam pelo corpo
de pedir, atemporal,
o sacramento de teus dedos.

Transporte

A boca come
às seis da tarde
o ouro de meu nome
numa carta que
não cheguei
a enviar.

Escreve:
hei de dizer a fome
que me devora a boca;
hei de dizer a boca
(novena de silêncios

intifada
ante-fome
fome).

Sobre o desejo atlântico,
o avião leva a prece memorável
para o teu lugar
algum.

Sabiam morrer juntos,
instantes de silêncio
sem fulguração.

Salvavam-se, bramidos
pelo canto nupcial
da ausência.

Sonhavam antinomias,
nomes quietos
esquecidos na boca

selada do beijo
– desaparecendo,
sempre

reviviam
na manhã
do mesmo dia.

Eclesiastes 3:20

Do silêncio viemos,
ao silêncio voltaremos.
Toda a balbúrdia,
a tosse do pó intragável;
o ar depuremos.

Palavras violadas

"O que de mim ninguém tira
Carne da palavra, carne do silêncio,
Minha paz e minha ira."
Este amor, Caetano Veloso

Já tive
palavras de sonhar:
eternidade.
Palavras como Deus.
Amor: palavra pura,
projeção onírica.

O rasgo nas carnes.
Já tive denso
o delito nos dedos.
As palavras violadas
nas carnes
dos delírios que tive.

Nem anjos, nem homens

I

O corpo é cadafalso do voo. Não há pássaro. Só léguas.

II

Meus pés dentro da terra: mandrágora. A flor do meu signo. Estrela terrestre do sofrimento.

III

Como se forjasse a asa, como se a arrancasse. E é por precisar de asas. E é por desdenhá-las.

Magia

Terra, a pele
aflora mandrágoras
quando desvia a seiva
de um corpo perdurado
ao meu – suspensos no ar,
respiramo-nos.

I
Preciso que Deus me guie até o seu paiol
e que do alto dos ocasos,
brilhe a pedra fundamental
onde me lavo
em fogo, estrela
bruta e ampla –
crer que meus pés caminham
até a próxima explosão.

II
Todo domingo. Uma confissão
de que todo domingo
é uma fraude
sem missais.

III
Preciso que o deus venha
áspero, desesperançado
nuns olhos de Clarice.

IV
Que se redescubra o fogo.

Vocação

Ser água depois que a palavra queima.
Ser o nome de coisas simples.
Nossas mãos desenrolando rios,
oferecendo braços
por onde a Terra corre, absoluta.
Bebemos. Ao largo do manancial, vazio.
Bebemos com estreiteza,
a ideia de um corpo, transmudado alfabeto,
a ideia de um sopro de hálitos nossos.
Nos perdemos em fulgurações estranhas,
dentro de casas altas, como nós,
andamos frágeis sob a amplidão.

Jó foi feliz de estar sozinho
com seu sofrimento
quando tudo foi deposto;

nem sobrara Deus, nem o canto
de qualquer recompensa.

Deus esvaziou Jó, esvaziou-se
como um ditador que arrasa uma cidade.

Mesmo depois, floresce o amor.

Em fardo, fogo, augúrio, glória.
O nada o incendeia.

Chegada

Consinto tua chegada.
Contanto,
amor, não faltes.
Descalço, vem
derramar pegadas
sobre o areal.
Deitar os lastros,
transido
pelas águas.

A VOLTA DE MEUS BRAÇOS NÃO ME ALCANÇA. Falta-me quase um palmo entre as mãos, que inutilmente se buscam, na medida de meu parco abraço. Sozinha, não me circundo. Árvore suplantada. Meus braços não são os galhos que supus, só quedam ninhos, nos umbrais de algum canto obscuro. Escudo contra o peito, a cruz de dois gestos denegados. E no tumulto da espinha, a falta em luva: um palmo de ausência. Uma ave banida. Duas florações, irmanadas para minha desunião. Mãos que sucumbem sobre a pele. O toque impossível do toque. Acedo ao tato, calorosa intempérie. Fui o charco nos jardins, a protuberância nas palavras. Hoje, germino na evaporação das imagens. Ainda batalho o meu nome. Dizer-me não me chega. Insisto pelo sentido. Porque o mundo talvez seja ainda o berço de minhas raízes amputadas. A mão que faltou entre meus membros. Mas sei pela falta: o mundo não é o ser, o mundo nada tem com este abraço que segrega a mim.

Buscamos na vida
a casa dos nossos nomes,
que se ocultam
em cômodos no peito,
rangendo portas.
Perdidos, os corpos
de todas as chaves
tentam abrir o Nome.

Itinerário poético

Porque todos os caminhos
levam à decantação da memória,
é infundada a partida.

Distas da linha de chegada,
como sobras de tua infância
impenetrável a Deus,

sombra de duração extrema.

Como nascem os segredos

Na tarde em que um livro,
ave pousada sobre o seio,
dormiu e amou
em teu nome,
ausência

(um voo, um sonho).

Resgate

Se há um poema
um poema que
nunca foi escrito,

há uma chance;
chance é onde você
naufraga; você naufraga

em direção à vida.

Fibrilação

As rosas se despedaçam no vento
de todas as mãos que acolhem

sua sem-serventia.

O coração é este cheiro
pulsando entre as carícias.

Isto que me mata
não é a morte;
quando digo
para tocá-la:
'os pássaros do sono',
é um nome que vivo;
e porque já morro
de outra morte,
desperto:
um anjo
em meio às asas.

A morte do pássaro profeta

(extraído de Salvación, Pizarnik:
“la muerte del pájaro profeta”)

Paz – um pássaro invernal
que sobrevoa os infernos.
Existes
como o sol de minha queda.
De ouvir falar,
tua sombra já me alegrava
quando esperava, pai.

Um destinatário que fosse
o mais das vezes,
a permanência
de mim,
de um outro.
O prolongamento
de tudo quanto
(não) sou.
A espessura da folha
mal dizendo o espelho.
Mas eu me via:
era preciso inventá-lo.

Os que têm fome e sede

Bem-aventurados os que inventam,
porque deles é o reino dos redemoinhos.

Mesmo que não se aventurem,
bem-aventurados na batalha do sonho.

Hão de chover sobre a terra, poetas,
salgando toda palavra, umedecidos.

Poesia feita escápula

Poesia feita escápula,
acesa em Ícaro
(desvelo de seus remos),
praias abertas em que nadam
antigos desastres.

Ou sob o eixo da lua, sangrenta,
enchendo o mar para o que bebe,
águas singradas do sono
tangendo a pureza, até o leite.

Porque sucumbem, suas imagens
trazem o retrato potencial:
o exame das formas inexistentes.

E ilhargas, calos, tendões;
anatomia alada;
escreve-se para rompê-la.

Chegar onde saúdam –
o sol do breve entendimento.

Singradouro

A casa menos do que o mar,
mais do que o mar.
A história não termina
nestes corredores e quartos,
portas abertas: portos.

Jornada do herói

No convés ele se dispersa,
caindo-se em pensamento ao mar.
Mais um dia de seus nomes;
o azul tabula o infinito.

Meta-abismo

Configurar o êxtase -
o poema é um antipoema
que o homem escreve
na pele de seu abandono
papel que escava e delira.

Triste espetáculo
do qual se sabe:
atinar o nada,
resvalar o nada
na torrente de enganos,

deixar que floresça
mais homem, mais palavra
- sem que feneça, a mortalha
não ameaça os sonhos
com que a vida se lavra.

PARA NUNCA ESQUECER

como a mulher me derrama
sob as bençãos do meio-dia.

Vejo teu quadro, Georgina,
é verão, estamos sós,

logo mais, a tarde
também cairá sobre mim.

Podemos falar
de ausência à ausência.

Até que teus visitantes,
com seus olhos desprezados pelo mundo,

me encontrem aqui

entre teus cabelos?
na vaporosidade do vestido?

É o modo como o teu corpo afasta
o tecido, o que te veste.

A duração da cor
movimenta o teu nome

entre a flor e o suor,
minha solidão.

UMA VIDA INTEIRA
para merecer o silêncio
que o instinto de cada primeira manhã
quebra
voluntarioso como um menino
poente, eterno.

Deeper

The sun was beginning to set,
as she slipped into the water.
Arab Strap

Embebidos pelo rio.
Haustos
de possibilidade:
devaneios fundos.
Refugam
onde os braços crescem
– entre as brechas de luz.
Onde se arrebatou
com violência
aquela canção.
Encharcados
pela música.
A cadência quer dizer
que talvez o corpo
retornasse ao mundo,
imergisse em mim.
O desejo
é o que perdura
aceso:
um atalho
pela floresta,
um dizer: venha;
ou poderiam
dispor do não.
Mas todo mergulho
é música.

JÁ SE ARTICULA UM CONCERTO
antes do pensamento.
Não são as vozes
percucientes
de um poema,
mas desferidas mãos
que escrevem
a progressão na pedra
ao gesto d'água:
para esculpir palavras,
desejar cantá-las.

Encontro a nudez
com que vestir
este nada:
velame de horas
e êxtases
– teresas ávidas;
e pés que naufragam
este tempo insondável.

Do tempo, espero

Do tempo, espero
a nudez de um corpo;
transformado em espaço,
um rosto.

Imagens que deponham dias,
a estudada geografia
de um torso
exausto,

sonhando tocar
a simultânea ausência,
região do mais etéreo encontro:
eu, o tempo; tu, o espaço.

Povoaríamos a casa
com a nudez das paisagens
sem paisagens,
coexistindo no absoluto

silêncio destas memórias:
as palavras, sem palavras
as mãos de colher mentiras
no dorso da história.

Puro movimento:
percorrer o desejo;
somos, teríamos sido
a casa, farol de doenças.

E o riso que déssemos,
rasgaria o tempo, recuperando
o que talvez tenhamos sido:
simples, como a morte.

Teu corpo ou tua casa
mediriam os caminhos.
Morrer, à sombra da origem,
no teu lugar, todas as horas.

Teu peito se curva
sobre o silêncio
que se alastra como fogo.
O coração devora
o nome sempre aceso
– chamas por detrás do gesto.
As mãos tocam o abismo
como quem acobertasse um crime.

FIM DE MUNDO
que cai sobre minhas pálpebras.
Não sei se é noite – a morte,
se são anjos do sono – poemas
narcisos de meus olhos d'água
navegam turvas sentenças.

O tempo vive

"O tempo está vivendo-me"
Borges

O tempo vive, impronunciável.
Tu também não o dizes,
em silêncio, lábio,
contracanto da destruição.

Vive o silêncio. Escutas?
Não o há. Teus nervos, o tempo
em mim, som do quanto ressoa
o peito, mesmo calmo, galopa na tarde.

Ruído branco; recebe
ondas, contingências tonais
da carne; um silvo;
arrepia ao teu chamado.

A casa: transparente,
um hiato intocado.
Respira no tempo,
intervalo de espelhos.

O poeta me diz. Cego,
o instante me abre
a imagem da tempestade;
canais de água

e rumor da tua aparição.

Água dura

A água dura na memória
da parede insólita;
de anos da insônia, água
da parede indômita.

Sudário de tinta:
a água corre
dos canos; vaza
dos ossos incômodos.

Exsuda três metros,
pé-direito-horizonte
com vista para o ar
de abandono.

Empedra no peito
líquida e velha corrosão,
infiltra o cheiro de mofo.
Desosso; estufa a parede,

desaba, esquartejada.
Mas o problema,
se bem me lembro,
vem do andar de cima;

pela água do vizinho;
pelo outro, inquilino;
pelo amor
de Deus.

Fugaz

Fugir de todos os poemas,
escrever cada canção
desacontecida.

Deitar horizontes
na velha cama
sem jornada.

Noite e dia,
forjar palavras
no mar sem dono.

Voz a inaugurar
(n)o vazio
mesmo

com que se toca,
quente, palavras
como arrebol.

Quando nas praias

Quando, nas praias, o alvo
é o imenso deserto.
Branco da espumareia:
insonoro oásis, sem fetiches,
sons desvanecidos.
Pálidos, os corpos submergem
na inaudível paisagem
desabitada dos sonhos.
Áridos, os sonares emitem
surdos encontros.

Todas as casas me violaram.
Deponho elementos ao andar.
O tempo é de desamparo, chão de rodas;
patas e estradas são flores que não vicejam.
Mas ando como se me encaminhasse ao paraíso.
Aos meus pés, a vertigem dos seixos,
a aura afogada dos rios.
O ninhal dos ventos consuma seu voo
desfazendo as minhas pegadas.
Na terra em que não piso,
quero construir minha morada.

Sombra

Esse ar
de amor-
talhado;

rosna,
dentro,
a sombra;

rasga
sub-reptícia
brecha;

coagula
um vazio
sem lume;

baba
um tipo
de uivo.

Refração

Pode pensar que é rio,
querer desviar o curso
de águas que são, quando muito,
um de abrir de bocas;
mar de tédio
engolindo a baba.

Pode imaginar o grande caos:
ondas destruindo cidades;
chuvas sulfurosas;
afogamentos exemplares;
batismos de sal;
tantos banimentos.

Imagens que corroem
o epicentro de minha vida
– isto que secreto,
mas não é seiva, não é rio,
o céu não despeja.
Também vem de longe,

dentro
do que já não reconheço,
alquebrando a luz
tormentosa da ilusão.
Um oásis de sede
no deserto de miragens.

São apenas lágrimas.

Tripartite

cortejo Baudelaire

passando, passando
na rua nunca mais
talvez o tenha visto;

deus o tenha
no cruzamento dos séculos
desencontrando

os sinais.

*

não menos que vermelhos

ardendo de tédio
deitados no poente.

anti
espas
módicos
abismos.

vi de novo; retornava
de alguma prateleira

engolindo
a aurora

tarja preta.

*

duas sombras

atravessavam os passantes
sonhando as espadas,
confluídas no sangue.

guerreavam em silêncio;

no caminho, a tarde perde
a razão de atar

um desatino a outro.

Há uma nova contagem do tempo. A cada três e meio antigos minutos, a música recomeça. Soa como se me explicasse: o indivisível, o inimitável. Para que eu não entenda. O sol da primeira tarde. As próximas horas, cortinas a tudo. Esta solidão de pálpebras, sombras que refletem cercanias do mundo. Esperas: esferas. Tento ser o mais ágil, nos centésimos em que avanço do silêncio ao som. O fim quase inaudível. Como sempre, perco para os meus braços. Asas do incontável atraso do agora, na soma dos movimentos, das incompreensões, logo trarão o fim deste ato. Pode ser que o cansaço vença, ainda antes que o tempo se renda aos atrasos. E é só a música que tenho por parâmetro. Apenas este toque, dedos presumidos, intangível impregnado de urgências, que cobre há meia hora uma nova existência, que segue suas próprias convenções. Ocupo o sentido arbitrário aos meus sentidos, emoções a leis impostas, que eu sigo e quero seguir, como páginas de uma história. As escolhas se dão ao inevitável. Pressinto o amor que move o sol e as outras estrelas. Lamento empíreo. O sangue entre as notas, que as mãos destilam. O tema, esta rosa. Subo ao mais alto abandono. Não foi uma fuga para as minhas asas.

Passagem

Há em mim uma anunciação,
e tem a garganta fresca
a que ri sem saber por quê
me olha à deriva do espelho,
frágil instrumento
ao temblar das formas.

Convite

Sábado
céu consolidado
trilhas ao redor do Rio.
Dizer sim ao não
saber outros meios
de chegar
molhando os pés
de areia.
Daqui a uma semana
talvez caminhem
até a impossibilidade
azul
hoje, toda palavra
é terra.

Enquanto canta Joanna Newsom

Há qualquer coisa entre a voz e o inverno
que apressa a queda das folhas.

Não resiste a ser entoada
pela boca que simula outono.

Começa antes das estações,
colando-se ao chão, fazendo-se rasgo.

Da certeza, apenas uma brecha
entre o frio e a ramagem espessa.

Área de mapeamento

A cidade rasga
o viajante
cotidiano.
Entreposto,
rodas imensas,
aves errantes.
Rumam
para o interior
dos passos:
lugar sem alcance.

TERRA LUPANÁRIA
em que um homem cai
onde um outro brota,
como casas
que se abrem à procissão
depois da oferenda aos deuses
secretamente adorados.
Lastro de berços tardios
ancorados na carne;
a certeza da morte pelo grão;
pó em que se pisa,
folhagem em que se deita,
mar que não se navega.

Vago dia

sobre a multidão de dias
escoados
no asfalto da noite
pela hora do jamais.
Cético lirismo
de um Drummond,
uma crença Ciorânica.
Ao cair da imagem
de um pássaro esfacelado às turbinas
ou a pedras Beckettianas:
azul, doido, manso
moer – pedra a pedra
de mortal espera,
a lucidez, mortal:
"acredito na salvação da humanidade,
na vinda do cianureto".
Morrer, a língua, de rir,
mas não morrerem as mulheres
tuas – sobrevindas
lágrimas, quedando a noite
com teu dia por dentro –
olho de um poema, centro de uma névoa.
No sol odioso da manhã
aclarando as formas do sonho:
a colisão frontal das bocas.
Palavras, enfim, palavras
sobre um último dia;
aquela noite também vaga
na incerteza,
como um amor que segue dizendo
nunca, nunca mais.

Súmula

Tornar-se essencial;
limar o coração na voracidade do vazio –
a boca que sabe a nota dissonante,
e ainda as mãos em que perdure
nenhuma granada.
O estilhaço piedoso e simples
(sufrágio do silêncio)
quando completamente me apagas.

Ver

o movimento das coisas
em cifrada aparição –

o eterno quer
lançar seus olhos
aos meus.

Nunca – ter visto
e o mesmo
ver, ver,
retirar-se

para a borrasca.

Se fosse cega
a paisagem,
se fosse igual.

Eu, cega
soberania para imagens.

Seria:

para o (não) ver,
para o fugaz,
para sempre

primeira retina.

Atrás do olhos

Na madrugada, ardume do inefável,
meus olhos não se fecham.
Atrás dos olhos, a rotação dos astros.

Cicios

Aquela hora em que dizer é o enfadonho exercício da solidão.
Então calar como quem abraça.

*

A solidão vai nos devorar com sua primeira mordida.
Ou a vida rezará por tuas mãos para afastar o quebranto.
Ser de novo alguém cuja palavra não cabe na boca.

*

Mas o préstimo da palavra é perdê-la.
Dizer o essencial: abismo, abismo.

TEU ROSTO, ESTA APARIÇÃO
do milagre de uma estrela
finda, a irradiar
na cosmoagonia,
nos meus retratos.

Vigésimo andar

Tenho dias de ficar entorpecida
com as montanhas, em parte alguma.

Alargada pelas florestas, onde a verticalidade
varia como o câmbio – flutuo

sem pés nem asas pela chacina
de elevadores que incomunicam

o alto, sem confidências.

Proporção

Somos alucinadamente pequenos,
mas a grandiloquência também nos sonha

lucidez ao revés da fala
língua em cordilheira

estreitando corpos –
razões nucleares.

Sonha comigo e me invade porque eu sou praia
cerca aramada, propensa imagem

teu universo me desdobra
e eu me recomponho, ínfima

desconfio que imensa,
imensa do que não sabemos.

Outro entardecer

Estou narrando a solidão
onde as plantas se recostam
horizonte leve

meu corpo na rede lembra
a profecia da chuva

a rede no ar, suspensa e etérea,
e meu corpo de âncora
no vento das seis horas

– só sabe naufragar.

Lágrima de Ísis

Um ganido de animais da noite.
Choro verbenas que devorei no campo
de minha casa. O cheiro
desarticula as horas.
O corpo, dor errante
que travei com dias sucessivos.
Uma cavalgada de valquírias surdas
suspende o vermelho dia.

Sob o signo da estrela

Alguém caminha em teus olhos
no domínio do ocaso
a pulsação das ruas
derrama em teu sono
pejada de meninos
a estrela desce
alguém caminha e deixa
um astrolábio intacto
os pés aninham-se aos caracóis
em teus cílios, nos avarandados
o calor retorna
o horizonte entra
o amarelo é um sumidouro
por onde chego
e queimo.

Estrangeiro

O poema, eu me banho com ele,
e ele escorre com a sujeira do meu corpo
– as palavras que eu direi uma única vez,
fatigada de sempre as reconhecer.
Refazer o dia abrindo as janelas
e das cortinas libertar o sol.
São palavras de morrer
como o executado no livro:
abrir a janela
e suspender a claridade obscura,
despir-se do rompante da sombra.
Mais que a morte,
um só destino que me soa o futuro:
eu tenho lido todos os livros,
entristecido a minha carne.

Crescimento

O ar, punhal cortando
a camada de acontecimentos

em finíssimos respiros da leveza.

A voz, modulação desse ferimento
erigindo um canto

da casa, árvore para a qual
deixamos nossos asteroides

onde arrancamos como praga
a brotação de baobás.

Somos príncipes devolutos
do que nos sucede

nos fazemos para o tempo –
sombra

dando de morrer às próximas gerações.

Fôlego

Me ensina a ficar mais tempo
debaixo d'água

alcançar
as profundidades do abismo

ser de novo uma criança
(minha cabeça em teu colo).

Confesso ser urgente
muito mais que brincante

ter hoje o meu rosto
o meu destino

traçados em nossas bocas.

Nudez

Busco o que sou
e o que sou
está coberto de mapas.

Rabisco

À procura
do fio da meada
no novelo da tarde

na cabeça, um bulbo

visto
um território âmbar
frio que esgarço.

Salvação

Se a vigília de minhas mulheres
crescesse à noite,
as horas do meu sono
convertidas em dano,
e meus braços, provisórios,
tocassem esse aqueduto
com a luz da obscuridade,
com a fragilidade das estrelas
nadaria,
refeita, rebenta, reconhecida.

Cesura

Dois corpos que dançassem, se dissessem:
há aqui o vazio. Ele constrói nossos passos.

FALAR UM SEM NÚMERO DE VEZES AS MESMAS COISAS, antes que seja tarde, poder largá-las. No mundo. Agora rondam os gritos que demos rumo às vidraças que não quebramos. Um garoto me mostra o seu rosto e impede com toda a gravidade que eu esqueça o meu. Do alto do meu, já posso descer de dizer as coisas que não marcham. Estou aqui, mas ao alcance da neblina.

Paisagem de Henri Michaux

Os cavalos se enraízam na terra onde os pássaros caem
ao redor da cripta da nuvem
um sangue antigo, o céu.

Sevícia

Não, não dizer palavra.
Nada que assente ao desgosto
seu ar vitorioso
(deitar a sete palmos
setenta nomes que não tocaram).
Há quem ao redor de um muro
escape pela porta da frente;
há quem meta todas as grades.
A quem falta o mal
ou o mal prodigaliza:
mata pelo devaneio
a que chama memória,
reino de um império extinto,
- antes, não havido;
renome de matéria nenhuma.

NEM TODA RESISTÊNCIA É HEROICA.
A boca da manhã é sedenta
e abre mágoas sobre a pele dos vencedores.
O primeiro dia depois do fim é sempre o fim.
Insones, sonhai os sonhos que não tiveram.

A TARDE MORTA, O FRIO.
Ciclos, caminhantes.
Tremeluzem
no centro da falta.
Fala – o corpo
obscuro do grito:
o silêncio – gradua
a sombra das horas.
Sobretudo, aquiesce.
Como quem consente
a beleza, o fogo, a morte.
Então arrepia.
E então, cala.

Canto para Artaud

Pessoas à maneira
de obras de arte,
suas substâncias.
Subjéteis porosos –
homem-argamassa,
mulher-têxtil;
os que não se atravessam,
da classe de metais:
almas blindadas.
Obras ao modo de pessoas –
bronze másculo,
mármoreo ventre,
enfermiço;
um torso para se abraçar
a cores virulentas.
Vida-obra, obra-vida
homem, homem.

Eu não tenho a visão da Baía de Guanabara à minha janela
eu quero esquecer que a poesia se navega
tenho meus dois pés cansados
e os olhos encantados feito dois reinos postiços
e continuo a escrever porque
[a visão da minha janela é muito estreita
escrever tem sido a forma de realizar abandonos
esta seria a única resposta sincera:
[me faltam os instrumentos de navegação
que se chocam contra o cimento maciço
acho que há dias em que se pode ler um autor como Edgar
Morin
e morrer menos
porque o homem, o homem e a morte
este homem de quem ele fala
ainda não me tocou.

Este livro foi composto em Lora, em pólen soft,
enquanto Ney Matogrosso e Pedro Luis e a Parede tocavam
Vagabundo, em fevereiro de 2019, para a Editora Moinhos.
Era quase Carnaval. Chovia.